L'éditeur remercie M. Filtz, directeur du château du Haut-Kœnigsbourg, et Mme Zéo, responsable du service éducatif, pour leur relecture de l'ouvrage.

Directeur : Jean-Benoît Durand.
Coordination éditoriale : Estelle Vidard.
Direction artistique, mise en pages et iconographie : Gaëlle Queval.
Textes : Eugénie Bienaimé, Estelle Vidard, Jean-Benoît Durand, Nathalie Lescaille, Élisabeth Durand-Colson, Claire Petit.
Illustrations : Sylvain Frécon (pages 10 et 14), Carlos Da Cruz (page 16).
Illustrations mascotte et jeux : Sandrine Lemoult (couleurs : Hugues Barthe).
Couverture : Photo : Eugénie Bienaimé/Jérôme Griset, illustration : Sylvain Frécon.

2010, Éditions La Petite Boîte
www.lapetiteboite-edition.fr
87, boulevard des Belges - 76000 Rouen

ISBN 978-2-36152-014-4
Loi 49-956 du 16 juillet 1949 sur les publications destinées à la jeunesse.

Dépôt légal 1re édition : avril 2010.
Imprimé en France par IME.
Ce livre a été imprimé avec des encres végétales sur un papier fabriqué à partir de bois provenant de forêts gérées durablement.

Le château du
Haut-Kœnigsbourg

LA petite BOÎTE

Sommaire

Le château du Haut-Kœnigsbourg

Pour aller plus loin

Chapitre 1

Un château vieux de 900 ans

Cela fait 900 ans que le château du Haut-Kœnigsbourg est perché en haut de sa montagne ! Son histoire est mouvementée : dès ses premières années, il change souvent de propriétaire, et chacun d'eux apporte sa touche au château.

Le château du Haut-Kœnigsbourg est situé à Orschwiller.

Premières pierres, premières batailles

Au 12e siècle, l'Alsace fait partie du Saint Empire romain germanique*. Les Hohenstaufen, membres de la famille impériale, veulent y renforcer leur pouvoir. Ils font construire un château fortifié sur un sommet rocheux dominant la plaine, à plus de 700 mètres d'altitude. De là-haut, on contrôle le territoire et on voit arriver les ennemis de loin ! Mais certaines batailles se terminent mal : le château change plusieurs fois de maîtres... et il finit en ruines.

* Les mots en couleur sont expliqués page 24.

Le château s'agrandit

À la fin du Moyen Âge, les nouveaux maîtres du château sont les Tierstein, une famille suisse. En 1479, ils décident de le reconstruire, de consolider ses fortifications et de moderniser ses défenses. Ils l'agrandissent et font des aménagements pour le confort des habitants, comme des latrines, ancêtres des toilettes.

Pourquoi le château s'appelle-t-il Haut-Kœnigsbourg ?

C'est un nom moitié français, moitié germanique ! Königsburg, en allemand, signifie « château du roi » : c'est le titre qu'il reçoit au 12e siècle. Il s'appellera ensuite Hohkönigsburg mais « Hoh » signifie « Haut » !

Un château pour se défendre

Les fossés et les ponts-levis : les pont-levis peuvent être remontés pour empêcher l'accès au château. Un fossé a été creusé au-dessous, dans la roche.

La montagne : les assaillants ont déjà du mal à grimper jusqu'au château avec tout leur armement ! Et une fois en haut, il est presque impossible d'installer des engins de guerre sur les pentes.

Les enceintes : d'épais murs de pierre entourent le château et empêchent l'ennemi d'y pénétrer.

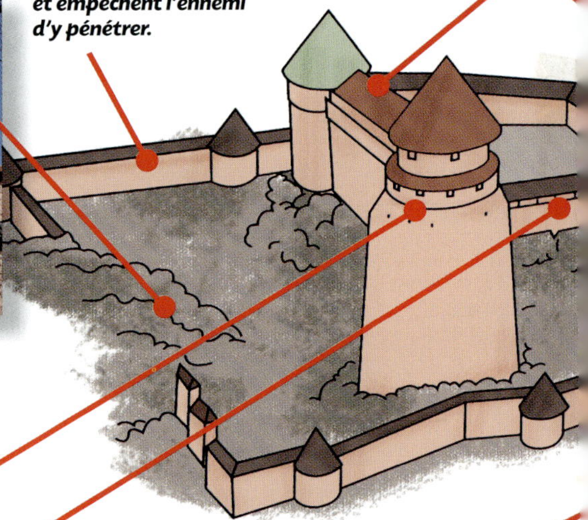

Les créneaux et les merlons : ce système permet aux soldats de tirer leurs flèches depuis les espaces ouverts (créneaux) et de se cacher pour recharger leurs arcs derrière les parties de pierre (merlons).

Les mâchicoulis : depuis ces ouvertures pratiquées dans le sol du chemin de ronde, les soldats lancent du sable brûlant ou de la poix bouillante, un genre de résine.

Les meurtrières : depuis ces fines ouvertures, les soldats peuvent observer les assaillants et les attaquer sans être vus.

Les portes : très épaisses et très lourdes, elles sont en bois et en métal. Il faut en franchir 9 avant d'atteindre la cour supérieure !

Les bastions :
ces avancées fortifiées protègent les lieux de vie du château. Les projectiles ennemis sont arrêtés par les épaisses murailles. Et s'ils passent malgré tout, ils tombent à terre à l'intérieur du bastion, sans atteindre le château.

Château du Haut-Kœnigsbourg.

Le donjon :
dans les châteaux français, il sert souvent de logis au seigneur. Dans les châteaux germaniques, comme le Haut-Kœnigsbourg, il sert de refuge en cas d'attaque et de site d'observation, d'où on peut surveiller toute la région.

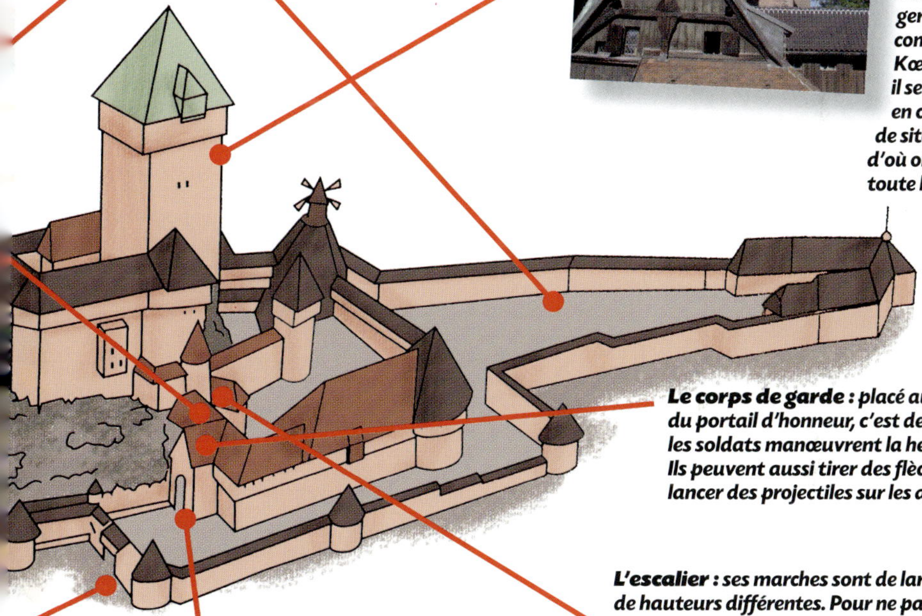

Le corps de garde : *placé au-dessus du portail d'honneur, c'est de là que les soldats manœuvrent la herse. Ils peuvent aussi tirer des flèches ou lancer des projectiles sur les assaillants.*

L'escalier : *ses marches sont de largeurs et de hauteurs différentes. Pour ne pas tomber, les assaillants doivent se concentrer sur leurs pieds ! Au-dessus d'eux, des gardes peuvent les attaquer sans se montrer.*

La herse : *cette grille de bois et de métal protège la deuxième porte du château (le portail d'honneur). Installée sur des rails verticaux, elle est descendue pour barrer le chemin aux ennemis.*

Photos, sauf mention : E. Bienaimé/J. Griset.

Doc+ Les chevaliers : défenseurs du château

Courageux, les chevaliers défendent leur château ou celui de leur seigneur. Mais ne devient pas chevalier qui veut !

Comment devient-on chevalier ?

Le matériel et l'apprentissage coûtent cher ! Les futurs chevaliers viennent donc de familles riches. Ce titre est parfois même héréditaire.

- **À 7 ans**, le futur chevalier quitte sa famille. Il est accueilli chez un seigneur qui va tout lui enseigner. Il est d'abord page : il apprend à manier les armes, à monter à cheval et à s'occuper des chevaux.
- **À 14 ans**, il devient écuyer. Il accompagne son seigneur à la guerre et porte ses armes.
- **À la fin de son apprentissage**, il est adoubé par son seigneur. Parfois, celui-ci lui offre son premier cheval, sa première armure et sa première épée. Il est enfin chevalier !

Chapitre 2

La vie au château

Au Moyen Âge, les châteaux sont parfois assiégés par des ennemis. Tout est donc organisé pour que les habitants puissent y vivre sans avoir besoin de l'extérieur. Le confort n'est pas le même qu'aujourd'hui, mais il y a tout ce qu'il faut au château !

Au jardin

Les jardiniers font pousser fruits et légumes pour nourrir les habitants. Mais pas seulement ! Les plantes aromatiques, qui parfument les plats, sont aussi très utiles pour se soigner.

Au moulin

Le meunier transforme les céréales, apportées par les paysans, en farine. Elle sert à confectionner des pains et des bouillies. Au moulin, on presse aussi les noix de la forêt pour en faire de l'huile.

À la forge

Le forgeron travaille les métaux. En les chauffant très fort et en les modelant à l'aide d'une enclume et d'un marteau, il fabrique des ustensiles de cuisine, des clous...

Aux écuries

Les palefreniers brossent, bouchonnent, soignent les chevaux de leurs maîtres. C'est une sacrée responsabilité : si un cheval tombe malade, le chevalier n'a plus de monture pour faire la guerre !

Une petite ferme

De nombreux châteaux abritent des vaches, des poules, des moutons... Mais au Haut-Kœnigsbourg, les animaux sont élevés dans la plaine et apportés morts au château. Leur viande sert à nourrir les habitants, leur peau et leur laine à fabriquer des vêtements.

E. Bieraimé/J. Griset

Le moulin et la forge sont situés dans la basse cour. C'est aussi par cette cour que l'on accède au donjon et aux habitations.

Le confort médiéval

Pas d'électricité… mais on s'éclaire ! Le jour, on compte sur le soleil. Pour coudre ou lire, on s'assied sur des coussièges, de petits sièges intégrés dans les embrasures de fenêtres. Le soir, on allume les chandelles sur les lustres des grandes pièces. Pour circuler dans les couloirs, on utilise un bougeoir ou un chandelier.

Pas d'eau courante… mais on a un puits et plusieurs citernes ! Le puits du Haut-Kœnigsbourg est profond de 62 mètres. Tous les matins, les servantes vont y chercher l'eau pour la cuisine, la toilette… On peut boire l'eau sans crainte, car elle provient d'une source : elle est donc très pure !

Au Haut-Kœnigsbourg, comme dans beaucoup de châteaux en Alsace où les hivers sont froids, on trouve de très beaux poêles.

Photos : E. Bienaimé/J. Griset.

Au Haut-Kœnigsbourg, le puits est protégé des attaques ennemies par une tour fortifiée. Car si des assaillants s'en emparaient, ils pourraient l'empoisonner et mettre en péril la vie des habitants.

Pas de gaz... mais on se chauffe ! Avec des cheminées bien sûr, mais pas seulement. La super invention médiévale, c'est le poêle ! Recouvert de carreaux de céramique ou de plaques de fonte, il diffuse beaucoup mieux la chaleur que les cheminées.

Pas de journaux... mais on s'informe ! Des marchands qui sillonnent les routes s'installent parfois quelques jours au château pour vendre leurs marchandises. Des chevaliers, en route vers de lointaines contrées, font halte et se désaltèrent à l'auberge. Tous ces étrangers content leurs aventures et apportent des nouvelles fraîches.

Entre le cellier (ci-dessous) et la cuisine, une citerne profonde récupère l'eau de pluie, utilisée pour les tâches ménagères.

Les seigneurs du Moyen Âge se lavent-ils ?

Au Moyen Âge, dans les châteaux, on ne néglige pas l'hygiène du corps ! Le matin, le seigneur fait une courte toilette : il se lave les yeux et les mains, se peigne les cheveux, se nettoie les dents. Seuls les grands seigneurs peuvent s'offrir le luxe d'avoir une salle chauffée où ils peuvent prendre un bain, dans une grande cuvette remplie d'eau. Lorsqu'ils rentrent de la chasse, d'un tournoi ou d'un voyage, un bon bain est nécessaire !

Que mange-t-on ?

Rôtie, braisée, en pâté ou en ragoût, le seigneur raffole de la viande : du cerf et du sanglier qu'il rapporte de la chasse, mais surtout du bœuf et du porc. Les jours maigres, on sert du poisson. En accompagnement : une porée (purée de légumes verts) et des frites ! Mais les pommes de terre n'existent pas encore en Europe. Les frites sont faites avec un légume qui ressemble à une carotte blanche : le panais. Les viandes sont cuites à la broche et les légumes mijotent dans de grands pots de terre, posés dans la cheminée de la cuisine. Les plats sont agrémentés d'herbes issues du jardin du château et d'épices venues d'Orient : cannelle, muscade et clous de girofle parfument sauces et bouillons. Mais, bien sûr, les serviteurs et les artisans ne mangent pas aussi richement.

Voici la cuisine médiévale du château.

Opération : conservation

Il n'y a pas de réfrigérateur au Moyen Âge ! La nourriture est rangée dans le cellier, un endroit frais, très surveillé pour éviter les vols. On y trouve du vin, mais aussi des conserves de légumes pour l'hiver. La viande et le poisson sont stockés dans du sel pour les conserver. On peut aussi les faire sécher en les exposant à de la fumée.

Le banquet est un repas exceptionnel. Il a lieu le plus souvent les jours de fête. Il montre la richesse et le pouvoir du seigneur.

Chapitre 3

Un grand chantier de restauration

Le château que tu visites aujourd'hui est presque tel qu'il était au 15e siècle ! C'est que, au début du 20e siècle, il a été soigneusement restauré. Et il a retrouvé son allure prestigieuse de forteresse médiévale.

Des ruines à la renaissance

En 1633, pendant la guerre de Trente Ans, le château est assiégé pendant 53 jours. Une fois pris, il est pillé et incendié. Abandonné, il reste en ruines pendant plus de deux siècles. À la fin du 19e siècle, l'Alsace est redevenue allemande et l'empereur Guillaume II veut montrer sa puissance à la France vaincue. Il décide de restaurer le château et d'en faire un musée du Moyen Âge à la gloire du peuple germanique. Rien que ça !

L'enquête de l'architecte

Guillaume II fait appel à Bodo Ebhardt, un architecte allemand spécialiste des châteaux forts. En 1900, le Haut-Kœnigsbourg est en grande partie debout, mais il est mal en point. Pour le reconstituer fidèlement, l'architecte fait des recherches très poussées. Il étudie les objets retrouvés dans les ruines, consulte des parchemins qui parlent du château, visite des châteaux de la même époque dans l'Empire... En réunissant toutes ces informations, il parvient à l'imaginer tel qu'il était au 15e siècle.

Library of Cong

DBV-Archiv, Dokumentation Hohkönigsburg (Europäisches Burgeninstitut, Braubach) / Inventaire Alsace.

DR

Les travaux de restauration commencent dès que le château est acquis par Guillaume II (à gauche). L'architecte Bodo Ebhardt (à droite) est présent sur le chantier.

Doc+ Les métiers de la restauration

La restauration du château dure 8 ans. En hiver, une quarantaine d'ouvriers travaille sur le chantier. En été, ils sont plus de 200 ! Ils s'activent 10 heures par jour, 6 jours sur 7.

Avant

Après

Photos : DBV-Archiv, Dokumentation Hohkönigsburg (Europäisches Burgeninstitut, Braubach) / Inventaire Alsace

Les terrassiers :

ils participent au déblaiement des ruines. Ils doivent être très attentifs car les décombres cachent des indices qui vont aider l'architecte : des fragments de pierres, de carreaux de céramique, de vaisselle, d'outils, d'armes...

Les carriers :

les pierres retrouvées dans les ruines sont souvent en trop mauvais état pour être réutilisées. Des carrières de grès rose, une roche très présente dans la région, sont ouvertes juste en-dessous du château. Les carriers en extraient les pierres.

Les tailleurs de pierre et les maçons :

grâce à la forme des pierres trouvées dans les ruines, les tailleurs de pierre savent comment tailler la roche. Les maçons se servent ensuite de ces nouvelles pierres pour monter les murs des bâtiments.

Les serruriers et les forgerons :

ils refont les serrures, les grilles, les chaînes... comme on les faisait au 15e siècle. Et ils entretiennent les machines.

Les charpentiers :

ils montent les échafaudages et reconstruisent les parties en bois, comme les planchers et les charpentes.

Et aussi :

des machinistes, un aubergiste et des cantinières...

Les étapes clés du chantier

De 1900 à 1902 : la préparation

- *Avant de commencer les travaux, l'architecte mène une campagne photographique : il prend des photos des ruines pour en garder la trace.*
- *Les ouvriers déblaient. Ils sont ainsi plus à l'aise pour installer le chantier mais aussi pour récupérer des vestiges.*
- *Les vestiges sont conservés, triés et classés. Ils sont indispensables pour comprendre comment était le château au 15e siècle.*
- *Les murs sont consolidés pour que les ouvriers puissent travailler en toute sécurité.*

Un chantier moderne

Pour restaurer le Haut-Kœnigsbourg en si peu de temps, le chantier a bénéficié de techniques très modernes à l'époque !

Des échafaudages très compliqués sont mis en place tout autour des bâtiments pour permettre aux ouvriers de travailler en hauteur.

- Deux grues sont installées sur le chantier. Au début, elles fonctionnent de manière mécanique. Elles sont ensuite dotées de moteurs électriques. L'une d'elles circule sur des rails.
- Une voie ferrée est construite entre la carrière et le chantier. La locomotive, surnommée Hilda, est très puissante pour l'époque. Elle tracte les lourdes pierres de la carrière jusqu'au château et redescend les déchets qui encombrent le chantier.
- Le chantier est alimenté grâce à une source située en contrebas. On y installe une station de pompage qui fonctionne grâce à un moteur à essence. Elle est encore utilisée de nos jours.
- Une broyeuse à grès fabrique le sable nécessaire à la construction.

... Archiv, Dokumentation Hohkönigsburg (Europäisches Burgeninstitut, Braubach) / Inventaire Alsace.

Une locomobile à vapeur crée le courant électrique nécessaire pour éclairer le chantier et faire fonctionner les machines. C'est très moderne car, dans la vallée, l'électricité ne sera installée que 20 ans plus tard.

1904 — 1905 — 1906 — 1907 — 1908

De 1902 à 1903 : les travaux

On reconstruit d'abord le donjon et l'enceinte sud, puis le logis. Vient ensuite le tour de la basse cour, du grand bastion et du bastion en étoile.

À partir de 1904

Une association cherche et collecte du mobilier d'époque pour meubler le château.

En 1908

Le château restauré est inauguré en grande pompe.

Test

Au château,

1 À l'école, tu dois faire un exposé en groupe.

- C Tu répartis les tâches : l'un rassemble des images, un autre tape le texte à l'ordinateur...
- A Tu décides du sujet de l'exposé.
- B Tu te portes volontaire pour le présenter à l'oral devant la classe.

2 Lequel de ces jeux préfères-tu ?

- B La bataille navale.
- A Les échecs.
- C Dessinez, c'est gagné.

3 On bâtit un nouveau château. Tu es :

- A Architecte.
- C Chef de chantier.
- B Conducteur(trice) d'engins.

4 Au football, tu préfères le poste de :

- A Capitaine.
- C Milieu de terrain.
- B Attaquant(e).

5 On dit de toi que tu es :

- B Courageux(se).
- C Serviable.
- A Réfléchi(e).

6 Deux de tes camarades se battent dans la cour de récréation. Que fais-tu ?

- C Tu leur parles pour essayer de les calmer.
- B Tu entres dans la bagarre.
- A Tu leur ordonnes d'arrêter.

7 Plus tard, tu te vois bien :

- A Homme ou femme politique.
- B Sportif(ve) de haut niveau.
- C Organisateur(trice) de soirées.

8 Tu pars en voyage :

- B Tu prends un sac à dos, une boussole et à toi l'aventure !
- A Tu choisis des chambres d'hôtel avec petit-déjeuner au lit.
- C Tu combines un itinéraire avec un maximum de lieux à visiter.

qui serais-tu ?

Au Moyen Âge, beaucoup de monde vivait au château : des puissants comme le seigneur, des braves comme les chevaliers, des organisateurs dévoués comme le chambellan… Et toi, qui d'entre eux serais-tu ? Fais ce test pour le savoir !

Résultat du test : pour chaque question, entoure la lettre qui correspond à ta réponse. Puis compte le nombre de A, de B et de C que tu obtiens et regarde en page 24 : tu découvriras qui tu serais, au château.

Jeux Spécial château du Haut-Kœnigsbourg

Quiz

As-tu bien lu ton livre ?
Pour le savoir, réponds à ces questions !

1 À qui appartient le château au moment de sa construction ?

A À la France.
B Au Saint Empire romain germanique.
C À la Suisse.

2 Où se trouve le château ?

A Au bord de la mer.
B Au fond d'une vallée.
C Au sommet d'une montagne.

3 Combien de portes faut-il franchir pour atteindre la cour supérieure ?

A 9. B 12. C 1.

4 Quelle est la particularité de l'escalier ?

A Il est en spirale.
B Il est en bois.
C Ses marches sont de tailles différentes.

5 Qui peut offrir au chevalier son premier cheval, son armure et son épée ?

A Son seigneur.
B Sa famille.
C Personne : il les achète lui-même.

6 Comment s'appelle le casque du chevalier ?

A Le haubert.
B Le heaume.
C Le capuchon.

7 Au château, qui s'occupe des chevaux ?

A Le seigneur.
B Les chevaliers.
C Les palefreniers.

8 D'où viennent les épices qui relèvent les plats ?

A Du jardin du château.
B D'Orient.
C Du village.

9 Que fait-on pour rendre l'eau du puits buvable ?

A Rien, car c'est de l'eau très pure.
B On la fait bouillir.
C On la filtre.

10 Quand le château a-t-il été restauré ?

A Au Moyen Âge.
B Au temps des Romains.
C Au début du 20e siècle.

Énigmes

1 Un élément qui n'existait pas au Moyen Âge s'est glissé dans l'image. Trouve l'intrus !

2 Sur la bannière du Saint Empire romain germanique, il manque un élément. Retrouve-le dans l'image, grâce à cet indice : ***la bannière ne doit comporter que du jaune, du noir et du rouge.***

3 Aide les chevaliers à rejoindre le château.

Solutions : voir page 24.

4 Ces chevaliers ne sont pas très organisés : ils ont mélangé leur armement ! Rends à chacun ce qui lui appartient.

Suivez le Guide !

L'Alsace compte plus de 350 châteaux forts et de nombreuses villes fortifiées ! Petite sélection...

E. Bienaimé/J. Griset.

Le Haut-Kœnigsbourg

La forteresse t'ouvre ses portes, à la rencontre des chevaliers du Moyen Âge ! À toi d'imaginer le fracas des batailles... Ne manque pas les ruines toutes proches de son petit frère, l'Œdenbourg ! *À Orschwiller. Tél. : 03 88 82 50 60.*

L'Ortenbourg et le Ramstein

Tu as repéré ces ruines imposantes, et celles du Frankenbourg, depuis le Haut-Kœnigsbourg ! *Office du tourisme de Châtenois-Scherwiller. Tél. : 03 88 92 25 62.*

Kintzheim

Dans les ruines du château, assiste au spectacle grandiose des aigles en plein ciel. Balade-toi parmi plus de 200 singes en liberté, des cigognes et bien d'autres animaux !
Volerie des aigles, tél. : 03 88 92 84 33.
Montagne des singes, tél. : 03 88 92 11 09.
Cigoland, tél. : 03 88 92 05 94.

Le Nideck

Non loin de ses ruines et de sa cascade, des parcours dans les arbres pour tous les âges ! *Arbr'Ascension, à Oberhaslach. Tél. : 06 72 62 88 79.*

Kaysersberg

Retrouve l'atmosphère d'une cité médiévale avec ses maisons à colombages, son centre historique et les ruines de son château impérial qui dominent la ville. *Office du tourisme : 39, rue du Général-de-Gaulle. Tél. : 03 89 71 30 11.*

Le Hohlandsbourg

Suis les guides costumés dans ce grand château fort. De nombreuses animations médiévales t'attendent et tu peux y fêter ton anniversaire déguisé en chevalier ou en princesse !
À Wintzenheim (Haut-Rhin).
Tél. : 03 89 30 10 20.

P. Schmenger.

Le Fleckenstein

En compagnie du jeune Willy de Fleckenstein, participe à une grande aventure dans des ruines fantastiques ! *À Lembach. Tél. : 03 88 94 28 52.*

Le Pflixbourg

Pars à la recherche de la Dame blanche, le fantôme d'une princesse métamorphosée en monstre mi-femme mi-dragon, qui attendait le baiser d'un chevalier pour être délivrée ! *Office du tourisme d'Eguisheim. Tél. : 03 89 23 40 33.*

Le château de La Petite-Pierre

Bâti au 12e siècle, modernisé par Vauban, il abrite la Maison du Parc naturel régional des Vosges du Nord. *À La Petite-Pierre. Tél. : 03 88 01 49 59.*

Le Landsberg

Les ruines d'une gigantesque forteresse à visiter en liberté ! *À Heiligenstein. Office du tourisme de Barr. Tél. : 03 88 08 66 65.*

Le Haut-Barr

Surnommé l'Œil de l'Alsace, ce château est perché sur trois rochers reliés par le pont du Diable et tout un réseau d'escaliers à parcourir. *Office de tourisme de Saverne. Tél. : 03 88 91 80 47.*

Richieman.

Les trois châteaux de Ribeauvillé

Saint-Ulrich, Girsberg, Altenkastel. S'il fait grand vent, tu entendras peut-être la voix du fantôme... *Office du tourisme de Ribeauvillé. Tél. : 03 89 73 23 23.*

Les trois châteaux du Haut-Eguisheim

Explore ces spectaculaires donjons de grès rose qui dominent le vignoble. Tu pourras apercevoir la Forêt-Noire ! *Office du tourisme d'Eguisheim. Tél. : 03 89 23 40 33.*

Le Lichtenberg

Du haut de son monumental escalier, tu apercevras la cathédrale de Strasbourg. *À Lichtenberg. Tél. : 03 88 89 98 72.*

L'écomusée d'Alsace

Ici, le château ne date que de 1985 ! La maison forte est au cœur du plus grand écomusée de France : visite un village alsacien reconstruit pierre à pierre, regarde travailler les artisans, amuse-toi dans les manèges, assiste à des fêtes paysannes, rencontre les animaux de la ferme et les 27 familles de cigognes... *À Ungersheim. Tél. : 03 89 74 44 74. www.ecomusee-alsace.fr*

Dico

Adouber : donner le titre de chevalier et remettre l'armement, au cours d'une cérémonie appelée l'adoubement.
Assiéger : bloquer les accès d'un site pour y rendre la vie impossible et ainsi le conquérir.
Bouchonner : nettoyer un animal en le frottant avec un tampon de paille.
Cantinier : personne qui s'occupe de l'alimentation des ouvriers ou des soldats.
Carrière : ouverture creusée dans la roche pour en extraire des pierres.
Chanvre : plante dont on utilise les fibres pour fabriquer du tissu.
Embrasure : renfoncement dans l'épaisseur d'un mur.
Enclume : gros bloc sur lequel on pose le morceau de métal chauffé à travailler au marteau.
Guerre de Trente Ans : conflit entre les catholiques et les protestants, au 17e siècle.
Héréditaire : reçu en héritage, transmis par les parents.
Jours maigres : jours pendant lesquels les chrétiens ne doivent pas manger de nourriture riche.
Locomobile : machine à vapeur montée sur des roues.
Page (ici) : jeune noble au service d'un seigneur.
Saint Empire romain germanique : empire réunissant des territoires de l'Est de l'Europe. Il a duré de 962 à 1806.

Résultat du test

Si tu as un maximum de A : Tu serais le seigneur du château.
Tu saurais te faire respecter et donner les ordres nécessaires afin que tes terres et ton château soient bien administrés, entretenus et protégés. Car tu aimes réfléchir, prendre des décisions et, plus encore, commander ! C'est bien, mais n'oublie pas d'écouter ce que les autres ont à dire : pour être acceptée, l'autorité doit être juste !

Si tu as un maximum de B : Tu serais chevalier.
Tu serais prêt(e) à défendre ton seigneur et ton château à tout moment et tu n'aurais pas froid aux yeux. Car tu aimes l'action, l'aventure et même... la bagarre ! Être courageux(se), c'est bien, mais n'oublie pas qu'il faut du courage aussi pour régler les problèmes en discutant plutôt qu'en distribuant des coups !

Si tu as un maximum de C : Tu serais chambellan.
Le seigneur du château pourrait entièrement se reposer sur toi. Tu organiserais le travail des serviteurs pour que tout le monde soit satisfait. Car tu aimes rendre service, tu es méthodique et on peut te faire confiance. C'est bien de faire attention aux autres, mais n'oublie pas de penser aussi un peu à toi !

Solutions des jeux

Quiz : 1B ; 2C ; 3A ; 4C ; 5A, B et C ; 6B ; 7C ; 8A et B ; 9A ; 10C.
Énigmes : 1. Il y a une antenne satellite sur le toit. 2. Un aigle noir à deux têtes, au bec et aux pattes rouges, doit figurer sur la bannière. 3. Le chemin B. 4. Le chevalier 1 a le heaume et le bouclier du 3 et l'épée du 2. Le chevalier 2 a le bouclier du 1. Le chevalier 3 a le bouclier du 2 et son heaume (sur la tête du cheval) et le heaume du 1.

Déjà parus dans ta région :

Découvre aussi les autres régions de France !

LA BRETAGNE
- Les Secrets de Belle-Île-en-Mer
- La Grande Aventure des corsaires bretons
- Menhirs et dolmens de Bretagne
- Tes premières recettes bretonnes

LA PROVENCE
- Il était une fois... Les Baux-de-Provence
- Les Romains en Provence
- Les Secrets du palais des Papes
- Tes premières recettes provençales

LE VAL DE LOIRE
- Léonard de Vinci
- À la rencontre de François Ier
- Les Mystères de Chenonceau
- Tes premières recettes du Val de Loire

L'AUVERGNE
- Les Volcans d'Auvergne
- Quelle vache, la salers !
- Vercingétorix et la bataille de Gergovie
- Tes premières recettes auvergnates

LA LORRAINE
- La Bataille de Verdun et la Première Guerre mondiale
- Jeanne d'Arc la petite Lorraine
- Les Romains en Lorraine
- Tes premières recettes lorraines

LE NORD PAS-DE-CALAIS
- La Première Guerre mondiale et les batailles de l'Artois
- Au cœur des mines de charbon
- Les Secrets des beffrois
- Tes premières recettes ch'tis

LE PÉRIGORD
- Stalactites et stalagmites
- Les Mystères de Lascaux
- Le Château de Castelnaud au Moyen Âge
- Tes premières recettes périgourdines

LA BOURGOGNE
- À l'aise, la charolaise !
- Il était une fois... les Hospices de Beaune
- Les Secrets de la basilique de Vézelay
- Tes premières recettes bourguignonnes

LA NORMANDIE
- L'Histoire de Jeanne d'Arc
- Tes ancêtres les Vikings
- Les Secrets du Mont-Saint-Michel
- L'Histoire du Débarquement
- Monet et les impressionnistes
- Tes premières recettes normandes, volume 1
- Tes premières recettes normandes, volume 2
- Tout sur la vache !
- La Bataille de Normandie
- La Vie au temps des Romains
- Les Dinosaures
- La Grande Aventure des terre-neuvas
- Les Chevaux
- Guillaume le Conquérant
- Les Bateaux de Normandie
- Château-Gaillard et Richard Cœur de Lion
- Tes légendes de Normandie
- L'Abbaye de Montivilliers
- Au fil de la Seine normande
- Les Mystères de Rouen au Moyen Âge
- Dans les coulisses du zoo de Cerza
- Cap sur Étretat !

Pour en savoir plus : www.lapetiteboite-edition.fr

LA petite BOÎTE